유형별 사례 중심으로 집대성

사실조회촉탁

신청과 작성방법의 실제

편저 : 대한실무법률편찬연구회
(콘텐츠 제공)

 법문북스

유형별 사례 중심으로 집대성

사실조회촉탁

신청과 작성방법의 실제

편저 : 대한실무법률편찬연구회
(콘텐츠 제공)

법문북스

머 리 말

민사소송을 제기하려면 누가 원고가 되고 누구를 피고로 할 것인가는 실체법상의 문제로 소송에 대한 승패를 좌우할 중요한 문제입니다.

그러므로 상대방의 성명, 주민등록번호, 주소, 연락처 등을 소장에 기재하여야만 법원에서 소장의 부본을 송달할 수 있고 후일 강제집행도 할 수 있으므로 민사소송에 있어 상대방의 인적사항은 반드시 필요합니다.

사인간의 법률행위를 한 후, 막상 다툼을 위해 법원에 제출할 소장을 작성하려다 보면 상대방의 정확한 인적사항을 몰라서 아예 포기하는 경우가 많습니다.

상대방의 인적사항 중 주민등록번호가 피고의 특정을 위해서는 가장 중요한 것인데 이를 모를 경우, 소장의 제출과 함께 사실조회촉탁신청이라는 민사소송법 제294조 조사의 촉탁에 의하여 확보하여 보정을 할 수 있습니다.

이는 공공기관·학교, 기타 단체, 개인 또는 외국의 공공기관에게 그 업무에 속하는 특정사항에 관한 조사 또는 보관중인 문서의 등본·사본의 송부를 촉탁하여 증거를 수집하는 절차를 활용하는 것입니다.

민사소송법에 의한 조사의 촉탁은 상대방의 인적사항을 포함한 민사소송의 증거 수집을 포함하는 넓은 개념으로서 당사자의 신청 또는 법원 직권으로 할 수 있습니다.

　　법원이 사실조회를 하기로 하는 증거결정을 한 때에는 재판장명의로 사실조회촉탁 서를 작성하여 사실조회대상기관으로 발송함으로써 이뤄지는 것이므로 본서에서는 누구나 쉽게 사실조회촉탁신청을 작성하여 실무적으로 상대방의 인적사항을 확보할 수 있도록 그 절차에 따른 방법을 구체적으로 제시하였습니다.

대한실무법률편찬연구회　18년 8월

차 례

가, 휴대폰 인적사항 사실조회 신청

나, 계좌번호(금융거래정보제출명령신청) 인적사항 사실조회신청

사실조회촉탁신청서

제1절 /

조사의 촉탁에 의한 인적사항 사실조회촉탁신청

   1. 모든 민사소송을 제기하려면 우선 상대방에 대한 인적사항을 알아야 합니다.

   2. 상대방에 대한 인적사항을 모를 때는 민사소송법 제294조 조사의 촉탁에 의하여 인적사항을 사실조회촉탁신청을 하여야 합니다.

   3. 민사소송법 제294조에 의하여 상대방의 인적사항을 사실조회촉탁신청을 하려면 먼저 상대방을 상대로 하는 민사소송을 제기하여야 합니다.

   4. 민사소송법 제294조(조사의 촉탁) 법원은 공공기관·학교, 그 밖의 단체·개인 또는 외국의 공공기관에게 그 업무에 속하는 사항에 관하여 필요한 조사 또는 보관중인 문서의 등본·사본의 송부를 촉탁할 수 있다.는 규정에 의하여 사실조회촉탁신청이라는 방법으로 상대방의 인적사항을 알아내는 하나의 증거조사의 일종입니다.

   5. 상대방의 인적사항을 모를 때는 원칙적으로 먼저 소장을 제출하면서 상대방의 인적사항 부분을 공란으로 제출하면 법원

에서 소장을 심사한 후 상대방의 인적사항에 대하여 곤란으로 제출한 경우 당사자표시를 보정하라는 명령을 받고 민사소송법 제294조 조사의 촉탁에 의한 사실조회촉탁신청을 하여 상대방의 인적사항을 조회한 뒤 당사자표시를 정정하는 경우가 있습니다.

6. 실무에서는 대부분 상대방의 인적사항을 모를 때는 상대방의 인적사항을 공란으로 된 소장을 작성해 제출하고 동시에 사실조회촉탁신청서를 제출하여 사실조회의 결과에 의하여 상대방의 인적사항을 보정하고 있습니다.

제2절 /

사실조회촉탁신청 시 관할법원

　　민사소송의 토지관할은 피고의 보통재판적이 있는 곳의 지방법원이나 민사소송법 제7조 근무지, 제8조 거소지 또는 의무이행지, 제9조 어음 또는 수표의 지급지, 제12조 사무소 또는 영업소 소재지, 제18조 불법행위지를 관할하는 지방법원의 관할법원으로 규정되어 있으므로 조사의 촉탁에 의한 상대방의 인적사항의 사실조회촉탁신청 또한 소장을 접수하는 관할법원에 같이 제출하면 됩니다.

　　민사소송의 사물관할은 소송목적의 값에 따라 3,000만 원을 초과하지 아니하는 소액사건에 관해서는 시법원이나 군법원이 설치된 경우는 그 곳의 판사 또는 지방법원 및 지원의 업무에 속하고, 여기서 소송목적의 값에 따라 3,000만 원을 초과하는 사건에 관해서는 지방법원이나 지원이 관할법원이므로 조사의 촉탁에 따른 상대방의 인적사항에 대한 사실조회촉탁신청은 소장을 접수하는 관할법원에 같이 제출하면 됩니다.

　　또한 민사소송법 제8조에 따른 거소지 또는 의무이행지(대금, 대체물로서 지참재무의 원칙을 채택하고 있기 때문에 민법 제467조, 상법 제56조 참조) 법원이 관할법원으로 추가됨에 따라 원고는 자기의 주소지 지방법원이나 지원 또는 시법원이나 군법원에 민사소송을 제기할 수 있으므로 조사의 촉탁에 따른

상대방에 대한 인적사항의 사실조회촉탁신청은 소장을 접수하는
관할법원에 같이 제출하면 됩니다.

제3절 /

조사의 촉탁신청(사실조회촉탁신청) 절차

 가, 사실조회촉신청의 방법

　　예컨대 인터넷으로 알게 된 지인에게 수차례에 걸쳐 금원을 이체하였는데 연락을 차단하고 잠적하였습니다.

　　카톡캡쳐와 통화 녹음 등 증거는 많은데 진정 지인의 정확한 이름은 물론 주소, 주민등록번호도 모르고 휴대폰 번호만 알고 있습니다.

　　이러한 경우에는 성명불상, 주소불명으로 당사자를 특정하여 민사소송을 제기한 이후에 이동통신사, 금융기관에 대하여 민사소송법 제294조 조사의 촉탁에 의한 사실조회촉탁신청을 하여 상대방의 인적사항을 확보하고 법원에 당사자표시정정 신청을 하면 됩니다.

　　소송에서 당사자를 특정해야 하는 이유

　　민사소송에 있어서 당사자란 자기 이름으로 재판이나 강제집행을 요구하는 사람과 그 상대방을 말합니다.

　　소송에서는 기본구조로 당사자대립주의를 취하고 있습니다.

당사자를 표시함에 있어서 누가 원고이며, 누가 피고인가 알아 볼 수 있도록 특정하여 기재하여야 합니다.

만일 당사자가 특정되지 않은 경우 재판장은 소장 심사를 하여 보정을 명하고, 이를 보정하지 않는 때에는 재판장은 명령으로 소장을 각하합니다.

소송에서 누가 원고이고 누가 피고인가를 명확히 하는 것으로 소장의 표시와 실제 소송을 수행하는 당사자가 일치하는지 확정하기 위함이며 이렇게 확정된 당사자를 기준으로 당사자 자격을 구비하였는지 여부를 판단하기 위하여 당사자의 특정이 필요한 것입니다.

즉, 상대방이 소송의 정당한 당사자인지 소송능력을 갖췄는지를 확인하기 위함인데 정당한 당사자의 인적사항이 특정되지 않는다면 소송요건 결여로 소송의 진행은 물론 설령 이대로 승소하더라도 강제집행이 불가할 수 있습니다.

한편, 최근에는 상대방의 휴대폰 연락처만 알고 인적사항을 파악하지 못한 채 금전거래를 한 경우 어떻게 하면 상대방을 특정할 수 있는 지 걱정이 이만저만이 아닙니다.

이러한 경우 먼저 성명미상 인적사항 불상으로 소장을 제출하면서 민사소송법 제294조 조사의 촉탁에 의한 사실조회촉탁신청을 하여 어렵지 않게 상대방의 인적사항을 확보하고 당사자를 특정할 수 있습니다.

사실조회촉탁신청을 하려면 먼저 민사소송을 제기하여야 합니다. 말하자면 소장을 접수(성명불상, 주소불명, 주민등록번호 불상)

상대방의 휴대폰 연락처만을 파악하고 있으며 휴대전화에서 오고간 문자 메시지 정보만을 파악하고 있는 경우가 대부분입니다.

이렇듯, 소송 상대방의 인적사항을 알지 못하는 경우, 피고 성명불상, 주소불명, 주민등록번호 불명, 연락처 010-7654-0000으로만 기재하여 소장을 접수시키면 됩니다.

나, 사실조회대상 기관에 촉탁서 발송

따라서 소장을 접수하면서 파악하고 있는 휴대폰 연락처 등 기본정보로 하여 법원에 사실조회촉탁신청을 하여야 합니다.

구체적으로 상대방이 어느 이동통신사일지 모르는 경우 통신사가 우리나라에는 3개사가 있는데 각 통신사를 모두 사실조회촉탁신청 대상으로 삼으면 됩니다.

통신사를 분명하게 알고 있는 경우 그 해당하는 이동통신사로 하여금 사실조회촉탁신청을 하면 됩니다.

혹은 돈을 온라인으로 이체한 금융계좌에 대한 금융기관을 대상으로 계좌정보에 대한 금융거래정보제출명령(사실조회촉탁신청)을 할 수도 있으며 자동차 번호를 아는 경우에는 차량등록사업소로 하여금 사실조회촉탁신청을 하여 상대방의 인적사항을 파악할 수 있습니다.

사실조회촉탁신청은 아래의 작성례와 같이 ① 사실조회촉탁의 목적 ② 사실조회 할 기관 ③ 사실조회의 사항으로 구성하여야 합니다.

법원에 사실조회촉탁신청을 하면 법원에서는 사실조회 대상기관에 사실조회촉탁서를 송달합니다.

다, 사실조회회보서의 제출

사실조회대상기관에서는 사실조회사항에 대하여 법원에 약 14일 안에 회신서를 보내옵니다.

이로써 상대방의 인적사항을 파악할 수 있게 됩니다.

라, 당사자표시정정하는 방법

상대방의 인적사항을 파악하였다면 이제 당초 소장에 기재한 상대방에 대한 표시를 정정하는 절차를 거쳐야 합니다.

법원에서는 사실조회대상기관에서 사실조회회보서를 보내오면 바로 당사자표시정정을 하라는 명령을 하게 됩니다.

당사자표시정정이란 확정된 당사자가 당사자자격이 없거나 그 표시에 있어서 의문이 있거나 또는 부정확하게 기재된 경우, 당사자의 동일성이 인정되는 범위 내에서 그 표시를 고치는 것을 말합니다.

이때 법원에서는 대부분 첨부와 같이 상대방의 주민등록번호가 확인되었으므로 소장에 대한 당사자표시정정신청서 4부를 제출해 달라고 보내옵니다.

마, 보정서의 제출

원고는 보정명령서에 의하여 가까운 주민센터에서 상대방의 주민등록초본을 발급받아 당사자표시정정신청서를 4통 작성해 상대방의 주민등록초본을 1통에만 첨부해 제출하면 소송절차가 진행됩니다.

제4절 사실조회촉탁신청 실전 사례

【사실조회촉탁신청서1】 금전을 대여하면서 피고의 인적사항을 전혀 모르고 휴대전
화만 알고 있어 휴대전화로 피고의 인적사항을 사실조회하
는 사례

사실조회촉탁신청서

원   고 : ○   ○   ○

피   고 : ○   ○   ○

의성지원 청송군법원 귀중

사실조회촉탁신청서

1. 원고

성 명	○ ○ ○	주민등록번호	생략
주 소	경상북도 청송군 청송읍 ○○로 ○○,(월막리 ○○호)		
직 업	농업	사무실 주 소	생략
전 화	(휴대폰) 010 - 9981 - 0000		
대리인에 의한 신 청	□ 법정대리인 (성명 : , 연락처) □ 소송대리인 (성명 : 변호사, 연락처)		

2. 피고

성 명	○ ○ ○	주민등록번호	생략
주 소	불상		
직 업	상업	사무실 주 소	생략
전 화	(휴대폰) 010 - 1265 - 0000		
기타사항	이 사건 채무자입니다.		

3. 사실조회촉탁신청

신청취지

위 사건에 관하여 원고는 피고의 인적사항을 명확히 하기 위하여 다음과 같이 사실조회를 신청합니다.

- 다 음 -

4. 사실조회의 목적

피고가 원고에게 금원 대여를 부탁할 당시 사용한 휴대전화 명의자의 인적사항을 확인하여 피고를 특정하기 위함에 있습니다.

5. 사실조회 할 곳

가. 에스케이텔레콤 주식회사
    서울시 중구 을지로65(을지로2가) SK T-타워
    대표이사 박정호

나. 주식회사 케이티
    경기도 성남시 분당구 불정로 90(정자동)
    대표이사 황창규

다. 주식회사 엘지유플러스
    서울시 용산구 한강대로 32 LG 유플러스 빌딩
    대표이사 권영수

6.사실조회 할 사항

별지와 같습니다.

7.첨부할 서류

문자메시지 출력물 1부

○○○○ 년 ○○ 월 ○○ 일

위 원고 : ○   ○   ○   (인)

의성지원 청송군법원 귀중

[별 지]

사실조회 할 사항

피고의 인적사항을 확인하기 위하여, 피고가 원고에게 금원 대여를 부탁할 당시 사용한,

휴대전화(전화번호 : 010 - ○○○○ - ○○○○)의 가입자의 인적사항 [① 성명, ② 주민등록번호 및 ③ 주소 등] 일체.

- 끝 -

접수방법

1. 관할법원

    이 사건은 대여금을 청구하는 사건이므로 의무이행지인 원고의 주소지인 대구지방법원 의성지원 청송군법원이 관할법원이므로 소장을 제출하면서 사실조회촉탁신청서를 같이 제출하시면 됩니다.

    대구지방법원 의성지원 청송군법원
    경상북도 청송군 청송읍 중앙로 319,(월막리 69-5)
    전화번호 054) 873 - 6043

2. 사실조회촉탁신청 방법

    사실조회촉탁신청서 1통에 문자메시지 출력물 1부 첨부, 별지 사실조회 할 사항 4통 첨부하고 소장과 같이 제출합니다.

    법원에 사실조회촉탁신청을 하면 법원은 사실조회대상 이동통신사 3개사에게 위 사실조회촉탁 서를 송달하고, 해당 이동통신사 2개사 중에서 피고의 휴대전화를 관리하고 있는 이동통신사는 사실조회 할 사항에 따라 사실조회 회보서를 작성하여 법원으로 회신합니다.

이로써 상대방의 인적사항을 파악할 수 있게 됩니다.

3. 당사자표시정정 방법

법원에서는 해당 이동통신사에서 피고에 대한 사실조회회보서를 보내오면 바로 원고에게 당사자표시정정을 하라는 명령을 하게 됩니다.

당사자표시에 있어서 의문이 있거나 또는 부정확하게 기재된 경우, 당사자의 동일성이 인정되는 범위 내에서 그 표시를 고치는 것을 말합니다.

이때 법원에서는 첨부와 같이 상대방의 주민등록번호가 확인되었으므로 소장에 대한 당사자표시정정신청서 4부를 제출해 달라고 보내옵니다.

4. 보정서 제출

원고는 보정명령에 의하여 피고에 대한 주민등록초본을 발급받아 당사자표시정정신청서를 4통 작성해 상대방의 주민등록초본은 법원용 1통에만 첨부해 제출하면 소송절차가 진행됩니다.

사실조회촉탁신청서

원 고 : ○   ○   ○

피 고 : 성   명   불   상

부천지원 김포시법원 귀중

사실조회촉탁신청서

1. 원고

성 명	○ ○ ○	주민등록번호	생략
주 소	경기도 김포시 ○○로 ○○길 ○○, ○○○-○○○호		
직 업	개인사업	사무실 주 소	생략
전 화	(휴대폰) 010 - 2987 - 0000		
대리인에 의한 신 청	□ 법정대리인 (성명 : , 연락처) □ 소송대리인 (성명 : 변호사, 연락처)		

2. 채무자

성 명	성명불상	주민등록번호	불상
주 소	불상		
직 업	상업	사무실 주 소	생략
전 화	(휴대폰) 010 - 9876 - 0000		
기타사항	이 사건 채무자입니다.		

3. 사실조회촉탁신청

신청취지

위 사건에 관하여 원고는 인터넷으로 알게 된 지인에게 수차례에 걸쳐 금원을 이체하였는데 연락을 차단하고 잠적하였습니다.

카카오 톡 캡처와 통화 녹음 등 증거는 많은데 지인의 정확한 이름은 물론 주소, 주민등록번호도 모르고 휴대폰 번호만 알고 있습니다. 이에 피고의 인적사항을 명확히 하기 위하여 다음과 같이 사실조회를 신청합니다.

- 다 음 -

4.사실조회의 목적

피고의 휴대폰 연락처만을 파악하고 있으며 피고가 원고에게 돈을 빌릴 당시 사용한 휴대전화는 지금도 피고가 사용하고 있으므로 휴대전화에 대한 명의자의 인적사항을 확인하여 피고를 특정하고자 합니다.

5.사실조회 할 곳

가. 에스케이텔레콤 주식회사
   서울시 중구 을지로65(을지로2가) SK T-타워
   대표이사 박정호

나. 주식회사 케이티
   경기도 성남시 분당구 불정로 90(정자동)
   대표이사 황창규

다. 주식회사 엘지유플러스

　　서울시 용산구 한강대로 32 LG 유플러스 빌딩

　　대표이사　권영수

6.사실조회 할 사항

별지와 같습니다.

　　　　　　○○○○ 년 ○○ 월 ○○ 일

　　　　　　위 원고 : ○　　○　　○　　(인)

부천지원 김포시법원 귀중

사실조회 할 사항

피고의 인적사항을 확인하기 위하여, 피고가 원고에게 돈을 빌
릴 당시부터 지금까지 사용하고 있는 휴대전화(○○○ - ○○○
○ - ○○○○)의 가입자의 인적사항 1) 성명, 2) 주민등록번호
3) 주소 등 일체.

- 이 상 -

접수방법

1. 관할법원

이 사건은 대여금을 청구하는 사건이므로 의무이행지인 원고의 주소지인 인천지방법원 부천지원 김포시법원이 관할법원이므로 먼저 피고의 인적사항을 공란으로 소장을 작성하여 제출하면서 사실조회촉탁신청서를 같이 제출하여야 합니다.

인천지방법원 부천지원 김포시법원
경기도 김포시 봉화로 16,(사우동)
전화번호 031) 982 - 3103

2. 사실조회촉탁신청 방법

사실조회촉탁신청서 1통, 별지 사실조회 할 사항 4통 첨부하고, 소장과 같이 김포시법원에 제출합니다.

김포시법원에 사실조회촉탁신청을 하면 법원은 사실조회대상인 이동통신사 3개사에게 위 사실조회촉탁 서를 송달하고, 해당 이동통신사 중에서 피고의 휴대전화를 관리하고 있는 이동통신사는 사실조회 할 사항에 따라 사실조회 회보서를 작성하여 법원으로 피고의 인적사항을 회신합니다.

3. 당사자표시정정 방법

　김포시법원에서는 해당 이동통신사로부터 피고에 대한 사실조회회보서를 보내오면 바로 원고에게 당사자표시정정을 하라는 명령을 합니다.

　당사자표시는 의문이 있거나 또는 부정확하게 기재된 경우, 당사자의 동일성이 인정되는 범위 내에서 그 표시를 고쳐야 합니다.

　이때 김포시법원에서는 보정명령을 보내면서 첨부와 같이 상대방의 주민등록번호가 확인되었으므로 소장에 대한 당사자표시정정신청서 4부를 제출해 달라고 보내옵니다.

4. 보정서 제출

　원고는 위 보정명령서에 의하여 피고에 대한 주민등록초본을 발급받아 당사자표시정정신청서를 4통 작성해 상대방의 주민등록초본은 법원용 1통에만 첨부하고 제출하면 소송절차가 진행됩니다.

사실조회촉탁신청서

원　　고 : ○　　　○　　　○

피　　고 : 성　명　불　상

광주지방법원 목포지원 귀중

사실조회촉탁신청서

1. 원고

성 명	○ ○ ○	주민등록번호	생략
주 소	전라남도 목포시 ○○로 ○○, ○○○-○○○○호		
직 업	사업	사무실 주 소	생략
전 화	(휴대폰) 010 - 8898 - 0000		
대리인에 의한 신 청	□ 법정대리인 (성명 : , 연락처) □ 소송대리인 (성명 : 변호사, 연락처)		

2. 피고

성 명	성명불상	주민등록번호	불상
주 소	불상		
직 업	상업	사무실 주 소	생략
전 화	(휴대폰) 010 - 5321 - 0000		
기타사항	이 사건 채무자 겸 피고입니다.		

3. 사실조회촉탁신청

신청취지

위 사건에 관하여 원고는 시장에서 같이 장사를 하던 피고에게 수차례에 걸쳐 금원을 대여하였는데 피고의 정확한 이름은 물론 주소, 주민등록번호도 모르고 피고가 현재까지 사용하고 있는 휴대폰 번호만 알고 있습니다. 이에 피고의 인적사항을 명확히 하기 위하여 다음과 같이 사실조회를 신청합니다.

- 다 음 -

4. 사실조회의 목적

원고는 피고의 휴대폰 연락처만을 알고 있으며, 피고가 원고에게 돈을 빌릴 때나 현재도 휴대전화는 피고가 사용하고 있으므로 휴대전화에 대한 명의자의 인적사항을 확인하여 피고를 특정하고자 합니다.

5. 사실조회 할 곳

에스케이텔레콤 주식회사
서울시 중구 을지로65(을지로2가) SK T-타워
대표이사 박정호

6. 사실조회 할 사항

별지와 같습니다.

○○○○ 년 ○○ 월 ○○ 일

위 원고 : ○ ○ ○　 (인)

광주지방법원 목포지원 귀중

[별 지]

사실조회 할 사항

피고의 인적사항을 확인하기 위하여, 피고가 원고에게 돈을 빌
릴 당시부터 계속해서 사용하고 있는 휴대전화(○○○ − 5321 −
○○○○)의 가입자의 인적사항 1) 성명, 2) 주민등록번호 3)
주소 등 일체.

− 이 상 −

접수방법

1. 관할법원

 이 사건은 대여금을 청구하는 사건이므로 의무이행지인 원고의 주소지인 광주지방법원 목포지원이 관할법원이므로 먼저 피고의 인적사항에 대하여 공란으로 한 소장을 작성해 목포지원에 제출하면서 사실조회촉탁신청서를 같이 법원에 제출하면 됩니다.

 광주지방법원 목포지원
 전라남도 목포시 정의로 29,(옥암동)
 전화번호 061) 270 - 6600

2. 사실조회촉탁신청 방법

 사실조회촉탁신청서 1통, 별지 사실조회 할 사항 4통 첨부하고, 소장과 같이 광주지방법원 목포지원에 제출합니다.

 이 사건의 경우 원고와 피고가 에스케이텔레콤 주식회사 소속의 대리점에서 휴대전화를 개통한 사실이 있기 때문에 에스케이텔레콤 주식회사가 관리하는 휴대전화에 대한 사실조회촉신청을 하는 것이므로 법원은 사실조회대상인 에스케이텔레콤 주식회사에 위 사실조회촉탁 서를 송달하고, 에스케이텔레콤 주식회사는 사실조회 할 사항에 따라 사실조회 회보서를 작성하여 법원으로 피고의 인적사항을 회신합니다.

3. 당사자표시정정 방법

　　광주지방법원 목포지원에서는 에스케이텔레콤 주식회사로부
터 피고에 대한 사실조회회보서를 보내오면 바로 원고에게 당사
자표시정정을 하라는 명령을 합니다.

　　당사자표시의 정정은 피고의 인적사항이 부정확하게 기재된
경우, 당사자의 동일성이 인정되는 범위 내에서 그 표시를 고치
야 합니다.

　　목포지원에서 원고에게 보정명령을 보내고 첨부와 같이 상대
방의 주민등록번호가 확인되었으므로 소장에 대한 당사자표시정
정신청서 4부를 제출해 달라고 보내옵니다.

4. 보정시 제출

　　원고는 위 보정명령서에 의하여 피고에 대한 주민등록초본을
발급받아 당사자표시정정신청서를 4통 작성해 상대방의 주민등
록초본은 법원용 1통에만 첨부하고 제출하면 소송절차가 진행됩
니다.

사실조회촉탁신청서

원   고 :   ○   ○   ○

피   고 :   ○   ○   ○

울산지방법원 양산시법원 귀중

사실조회촉탁신청서

1. 원고

성 명	○ ○ ○	주민등록번호	생략
주 소	경상남도 양산시 ○○로 ○○, ○○○-○○○○호		
직 업	상업	사무실 주소	생략
전 화	(휴대폰) 010 - 5699 - 0000		
대리인에 의한 신 청	□ 법정대리인 (성명 : , 연락처) □ 소송대리인 (성명 : 변호사, 연락처)		

2. 피고

성 명	○ ○ ○	주민등록번호	불상
주 소	불상		
직 업	상업	사무실 주소	생략
전 화	(휴대폰) 010 - 9998 - 0000		
기타사항	이 사건 채무자 겸 피고입니다.		

3. 사실조회촉탁신청

신청취지

위 당사자 간 귀원 ○○○○가소○○○○호 대여금사건에 관하여 원고는 다음과 같이 사실조회촉탁을 신청합니다.

4. 사실조회의 필요성

(1) 원고는 ○○○○. ○○. ○○. 피고에 대하여 금 15,000,000 원을 대여해 주고 차용증을 교부받았으나 피고는 현재까지 원고에게 위 대여금을 반환하지 않고 있습니다.

(2) 이에 원고는 피고를 상대로 대여금청구의 소를 제기하면서 피고의 인적사항에 대하여 공란으로 소장을 제출하여 보정명령을 받은 상태에서 피고의 주소를 알아보려 하였으나 대여할 당시 피고로부터 교부 받은 차용증에 피고의 성명 외에는 아무 것도 기재되어 있지 않아 이해관계인으로 관할 동사무소에서 피고의 주민등록번호와 주소를 확인할 수 없어 피고의 주소를 파악할 방법이 없습니다.

(3) 결국 원고는 피고와 몇 차례 통화한 위 조회할 기관에 대한 피고의 이동전화번호를 아는 것 말고는 피고의 인적사항에 대하여 전혀 알지 못하고 있어 피고가 소장 등을 수령 받지 못할 경우 소송진행이 불가능해 질 수 있으므로 위 조회할 기관에 대하여 사실조회촉탁을 신청하기에 이른 것입니다.

5. 사실조회 할 곳

(1) 에스케이텔레콤 주식회사

서울시 중구 을지로65(을지로2가) SK T-타워

대표이사 박정호

(2) 주식회사 케이티

경기도 성남시 분당구 불정로 90(정자동)

대표이사 황창규

(3) 주식회사 엘지유플러스

서울시 용산구 한강대로 32 LG 유플러스 빌딩

대표이사 권영수

6.사실조회 할 사항

별지와 같습니다.

○○○○ 년 ○○ 월 ○○ 일

위 원고 : ○ ○ ○   (인)

울산지방법원 양산시법원 귀중

[별 지]

사실조회 할 사항

피고의 인적사항을 확인하기 위하여, 피고가 원고에게 돈을 빌
릴 당시부터 계속해서 사용하고 있는 휴대전화(○○○ - 9998 -
○○○○)의 가입자의 인적사항

(1) 성명
(2) 주민등록번호
(3) 주소 등 일체

- 이   상 -

접수방법

1. 관할법원

이 사건은 대여금을 청구하는 사건이므로 의무이행지인 원고의 주소지인 울산지방법원 양산시법원이 관할법원이므로 양산시법원에 사실조회촉탁신청서를 제출하면 됩니다.

울산지방법원 양산시법원
경상남도 양산시 북안남5길12,(북부동 373)
전화번호 055) 372 - 6291

2. 사실조회촉탁신청 방법

사실조회촉탁신청서 1통, 별지 사실조회 할 사항 4통 첨부하여 양산시법원에 제출합니다.

이 사건의 경우 원고가 피고로부터 교부받은 차용증에 기재된 피고의 성명과 피고와 최근에 휴대전화를 통화한 휴대전화의 가입자에 대한 인적사항을 사실조회촉탁을 신청하는 것이므로 법원은 사실조회대상인 이동통신 3개사에게 위 사실조회촉탁 서를 송달하고, 해당 휴대전화의 이동통신사는 사실조회 할 사항에 따라 사실조회 회보서를 작성해 양산시법원으로 피고의 인적 사항을 회신합니다.

3. 당사자표시정정 방법

울산지방법원 양산시법원에서는 해당 이동통신사로부터 피고에 대한 인적사항을 기재한 사실조회회보서를 보내오면 바로 원고에게 당사자표시정정을 하라는 명령을 합니다.

당사자표시의 정정은 피고의 인적사항이 부정확하게 기재된 경우, 당사자의 동일성이 인정되는 범위 내에서 그 표시를 정정하여야 합니다.

양산시법원에서 원고에게 보정명령을 보내면서 첨부와 같이 피고의 주민등록번호가 확인되었으므로 소장에 대한 당사자표시정정신청서 4부를 제출해 달라고 보내옵니다.

4. 보정서 제출

원고는 위 보정명령서에 의하여 피고에 대한 주민등록초본을 발급받아 당사자표시정정신청서를 4통 작성하고 피고의 주민등록초본은 법원용 1통에만 첨부하고 제출하면 소송절차가 진행됩니다.

사실조회촉탁신청서

원   고 : ○   ○   ○

피   고 : 성   명   불   상

피   고 : 성   명   불   상

전주지방법원 군산지원 귀중

사실조회촉탁신청서

1. 원고

성 명	○ ○ ○	주민등록번호	생략
주 소	전라북도 군산시 ○○로 ○○, ○○○-○○○호		
직 업	개인사업	사무실 주 소	생략
전 화	(휴대폰) 010 - 3456 - 0000		
대리인에 의한 신 청	☐ 법정대리인 (성명 : , 연락처) ☐ 소송대리인 (성명 : 변호사, 연락처)		

2. 피고1

성 명	성명불상	주민등록번호	불상
주 소	불상		
직 업	상업	사무실 주 소	생략
전 화	(휴대폰) 010 - 2452 - 0000		
기타사항	이 사건 채무자1입니다.		

피고2

성 명	성명불상	주민등록번호	불상
주 소	불상		
직 업	상업	사무실 주 소	생략
전 화	(휴대폰) 010 - 8891 - 0000		
기타사항	이 사건 채무자2입니다.		

3.사실조회촉탁신청

신청취지

위 사건에 관하여 원고는 피고들과 금전을 거래하면서 많은 돈이 아니라 차용증을 교부받지 않았지만 오고간 문자메시지는 많은데 피고들의 정확한 이름은 물론 주소, 주민등록번호도 모르고 핸드폰번호만 알고 있습니다.

이에 피고들의 인적사항을 명확히 하기 위하여 다음과 같이 사실조회를 신청합니다.

- 다 음 -

4.사실조회의 목적

원고는 피고들에게 대여금 채권을 가지고 있는바, 원고가 피고들에게 대여할 당시 차용증을 작성하지 않은 채 피고들에게 현금 등으로 대여하였기 때문에 피고들의 핸드폰번호 밖에 알지 못하여 부득이 이동통신사를 통해 피고들의 주민등록번호 등 인적사항을 확보하고자 사실조회촉탁을 신청합니다.

5.사실조회 할 곳

가. 에스케이텔레콤 주식회사

서울시 중구 을지로65(을지로2가) SK T-타워

대표이사 박정호

나. 주식회사 케이티

경기도 성남시 분당구 불정로 90(정자동)

대표이사 황창규

다. 주식회사 엘지유플러스

서울시 용산구 한강대로 32 LG 유플러스 빌딩

대표이사 권영수

6. 사실조회 할 사항

별지와 같습니다.

○○○○ 년 ○○ 월 ○○ 일

위 원고 : ○ ○ ○ (인)

전주지방법원 군산지원 귀중

사실조회 할 사항

피고1의 인적사항을 확인하기 위하여, 피고1이 원고에게 돈을
빌릴 당시부터 지금까지 사용하고 있는 휴대전화(○○○ - ○○
○○ - ○○○○)의 가입자의 인적사항

1) 성명,

2) 주민등록번호

3) 주소 등 일체.

- 이   상 -

사실조회 할 사항

피고2의 인적사항을 확인하기 위하여, 피고2가 원고에게 돈을 빌릴 당시부터 지금까지 사용하고 있는 휴대전화(○○○ - ○○○○ - ○○○○)의 가입자의 인적사항

1) 성명

2) 주민등록번호

3) 주소 등 일체

－ 이　상 －

접수방법

1. 관할법원

이 사건은 대여금을 청구하는 사건이므로 의무이행지인 원고의 주소지인 전주지방법원 군산지원이 관할법원이므로 먼저 피고들의 인적사항을 공란으로 소장을 작성하여 제출하면서 사실조회촉탁신청서를 같이 제출하여야 합니다.

전주지방법원 군산지원
전라북도 군산시 법원로 68,(조촌동 전주지방법원 군산지원)
전화번호 063) 450 - 5000

2. 사실조회촉탁신청 방법

사실조회촉탁신청서 1통, 별지 사실조회 할 사항 각 4통 첨부하고, 소장과 같이 전주지방법원 군산지원에 제출합니다.

전주지방법원 군산지원에 사실조회촉탁신청을 하면 법원은 사실조회대상인 이동통신사 3개사에게 위 사실조회촉탁 서를 송달하고, 해당 이동통신사 중에서 피고들의 휴대전화를 관리하고 있는 이동통신사는 사실조회 할 사항에 따라 사실조회 회보서를 작성하여 법원으로 피고들의 인적사항을 회신합니다.

3. 당사자표시정정 방법

전주지방법원 군산지원에서는 해당 이동통신사로부터 피고들에 대한 사실조회 회보서를 보내오면 바로 원고에게 당사자표시정정을 하라는 보정명령을 합니다.

당사자표시는 의문이 있거나 또는 부정확하게 기재된 경우, 당사자의 동일성이 인정되는 범위 내에서 그 표시를 고쳐야 합니다.

전주지방법원 군산지원에서 원고에게 보정명령을 보내면서 첨부와 같이 상대방의 주민등록번호가 확인되었으므로 소장에 대한 당사자표시정정신청서 4부를 제출해 달라고 보냅니다.

4. 보정서 제출

원고는 위 보정명령서에 의하여 피고들에 대한 주민등록초본을 발급받아 당사자표시정정신청서를 4통 작성해 상대방의 주민등록초본은 법원용 1통에만 첨부해 제출하면 소송절차가 진행됩니다.

사실조회촉탁신청서

（금융거래정보자료제공명령신청）

원　　고 :　　○　　　○　　　○

피　　고 :　　○　　　○　　　○

의성지원 청송군법원 귀중

사실조회촉탁신청서
(금융거래정보자료제공명령신청)

1. 원고

성 명	○ ○ ○	주민등록번호	생략
주 소	경상북도 청송군 청송읍 ○○로 ○○,(월막리 ○○호)		
직 업	농업	사무실 주 소	생략
전 화	(휴대폰) 010 - 9981 - 0000		
대리인에 의한 신 청	□ 법정대리인 (성명 : , 연락처) □ 소송대리인 (성명 : 변호사, 연락처)		

2. 피고

성 명	○ ○ ○	주민등록번호	불상
주 소	불상		
직 업	상업	사무실 주 소	생략
전 화	(휴대폰) 010 - 1265 - 0000		
기타사항	이 사건 채무자입니다.		

3. 사실조회촉탁신청

신청취지

위 사건에 관하여 원고는 그 주장사실을 입증하고자 다음과 같이 사실조회를 신청합니다.

- 다 음 -

4. 사실조회의 목적

원고의 피고의 계좌로 이체하는 방법으로 송금하여 대여하였는바, 피고의 실명과 계좌개설 금융기관 말고는 피고의 인적사항을 전혀 알고 있지 못하고 있어, 소송 진행이 불가능해질 수 있으므로 사실조회를 신청합니다.

5. 사실조회 할 곳

주식회사 하나은행
서울시 ○○구 ○○로 ○○길 ○○-○○호

6. 조회할 자의 인적사항

성   명 : ○ ○ ○
계좌번호 : ○○○ - ○○○○ - ○○○○

7. 조회 할 사항

하나은행 계좌번호 ○○○○-○○○-○○-○○○에 대한 예금주의 성명·주소·주민등록번호를 확인하여 주시기 바랍니다.

위 조회사항에 대하여 적정히 답변하여 주시고, 관련 자료의 사본을 송부해 주시기 바랍니다.

8.소명자료 및 첨부서류

(1) 조회할 사항 부본

○○○○ 년 ○○ 월 ○○ 일

위 원고 : ○　○　○　(인)

의성지원 청송군법원 귀중

조회할 사항

하나은행 계좌번호 ○○○○-○○○-○○-○○○에 대한 예금주의 성명·주소·주민등록번호를 확인하여 주시기 바랍니다.

위 조회사항에 대하여 적정히 답변하여 주시고, 관련 자료의 사본을 송부해 주시기 바랍니다.

- 이　상 -

접수방법

1. 관할법원

  이 사건은 대여금을 청구하는 사건이므로 의무이행지인 원고의 주소지인 대구지방법원 의성지원 청송군법원이 관할법원이므로 먼저 소장을 작성하면서 피고의 인적사항은 공란으로 하여 사실조회촉탁신청서를 같이 제출하여야 합니다.

  대구지방법원 의성지원 청송군법원
  경상북도 청송군 청송읍 중앙로 319,(월막리 59-5)
  전화번호 054) 873 - 6043

2. 사실조회촉탁신청 방법

  사실조회촉탁신청서 1통, 별지 사실조회 할 사항 각 4통 첨부하고, 소장과 같이 대구지방법원 의성지원 청송군법원에 제출합니다.

  대구지방법원 의성지원 청송군법원에 사실조회촉탁신청서를 소장과 함께 제출하면 청송군법원은 사실조회대상인 하나은행에게 위 사실조회촉탁 서를 송달하고, 해당 하나은행에서 피고에 대한 인적사항을 사실조회 할 사항에 따라 사실조회 회보서를 작성하여 법원으로 회신합니다.

3. 당사자표시정정 방법

대구지방법원 의성지원 청송군법원서는 해당 하나은행으로부터 피고에 대한 인적사항을 기재한 사실조회 회보서를 보내오면 바로 원고에게 당사자표시정정을 하라는 보정명령을 합니다.

당사자표시는 당사자의 동일성이 인정되는 범위 내에서 그 표시를 고치야 합니다.

대구지방법원 의성지원 청송군법원에서 원고에게 보정명령을 보내면서 첨부와 같이 상대방의 주민등록번호가 확인되었으므로 소장에 대한 당사자표시정정신청서 4부를 제출하라고 보냅니다.

4. 보정서 제출

원고는 위 보정명령서에 의하여 피고에 대한 주민등록초본을 발급받아 당사자표시정정신청서를 4통 작성하고 피고의 주민등록초본은 법원용 1통에만 첨부하여 제출하면 소송절차가 진행됩니다.

사실조회촉탁신청서

(금융거래정보자료제공명령신청)

사　　　건 :　　○○○○가소○○○○호　대여금

원　　고 :　○　　　　○　　　　○

피　　고 :　○　　　　○　　　　○

부산지방법원 서부지원 귀중

사실조회촉탁신청서
(금융거래정보자료제공명령신청)

1. 원고

성 명	○ ○ ○	주민등록번호	생략
주 소	부산시 ○○구 ○○로 오션시티 11로 22, ○○○호		
직 업	기인사업	사무실 주 소	생략
전 화	(휴대폰) 010 - 8889 - 0000		
대리인에 의한 신 청	□ 법정대리인 (성명 : , 연락처) □ 소송대리인 (성명 : 변호사, 연락처)		

2. 채무자

성 명	송 종 범	주민등록번호	불상
주 소	불상		
직 업	불상	사무실 주 소	불상
전 화	(휴대폰) 010 - 3456 - 0000		
기타사항	이 사건 피고 겸 채무자입니다.		

3. 사실조회촉탁신청

신 청 취 지

위 사건에 관하여 원고는 그 주장사실을 입증하고자 다음과 같이 사실조회를 신청합니다.

- 다 음 -

4. 사실조회의 목적

원고의 피고의 계좌로 이체하는 방법으로 송금하여 대여하였는바, 피고의 실명과 계좌개설 금융기관 말고는 피고의 인적사항을 전혀 알고 있지 못하고 있어, 소송 진행이 불가능해질 수 있으므로 사실조회를 신청합니다.

5. 사실조회 할 곳

주식회사 농협은행
서울시 중구 세문안로 16,
전화 02) 2080 - 5114

6. 조회할 자의 인적사항

성 명 : ○ ○ ○
계좌번호 : ○○○-○○○○-○○○○-○○

7. 조회 할 사항

주식회사 농협은행 계좌번호 ○○○-○○○○-○○○○-○○에 대한 예금주의 성명·주소·주민등록번호를 확인하여 주시기 바랍니다.

위 조회사항에 대하여 적정히 답변하여 주시고, 관련 자료의 사본을 송부해 주시기 바랍니다.

8.소명자료 및 첨부서류

(1) 조회할 사항 부본

○○○○ 년 ○○ 월 ○○ 일

위 원고 : ○ ○ ○   (인)

부산지방법원 서부지원 귀중

조회할 사항

주식회사 농협은행 계좌번호 ○○○-○○○○-○○○○-○○에 대한 예금주의 성명·주소·주민등록번호를 확인하여 주시기 바랍니다.

위 조회사항에 대하여 적정히 답변하여 주시고, 관련 자료의 사본을 송부해 주시기 바랍니다.

- 이   상 -

접수방법

1. 관할법원

이 사건은 대여금을 청구하는 사건으로서 원고가 피고에 대한 이름과 전에 살던 주소만으로 지급명령신청을 하였던 것인데 피고의 인적사항을 알지 못해 소제기신청을 하였고 법원으로부터 보정명령을 받은 것이므로 먼저 소제기신청을 한 부산지방법원 서부지원에 사실조회촉탁신청서를 제출하여야 합니다.

부산지방법원 서부지원
부산시 강서구 명지국제7로 77, (명지동)
전화번호 051) 812 - 1114

2. 사실조회촉탁신청 방법

사실조회촉탁신청서 1통, 별지 사실조회 할 사항 각 4통 첨부하여 이미 소제기신청을 한 부산지방법원 서부지원에 제출합니다.

부산지방법원 서부지원에 사실조회촉탁신청서를 제출하면 부산지방법원 서부지원은 사실조회대상인 농협은행에게 위 사실조회촉탁 서를 송달하고, 농협은행에서 피고에 대한 인적사항을 사실조회 할 사항에 따라 사실조회 회보서를 작성하여 부산지방법원 서부지원으로 회신합니다.

3. 당사자표시정정 방법

　　부산지방법원 서부지원에서는 해당 농협은행으로부터 피고에 대한 인적사항을 기재한 사실조회 회보서를 보내오면 바로 원고에게 당사자표시정정을 하라는 보정명령을 합니다.

　　당사자표시는 당사자의 동일성이 인정되는 범위 내에서 그 표시를 고쳐야 합니다.

　　부산지방법원 서부지원에서 원고에게 보정명령을 보내면서 첨부와 같이 상대방의 주민등록번호가 확인되었으므로 소장에 대한 당사자표시정정신청서 4부를 제출하라고 보냅니다.

4. 보정서 제출

　　원고는 위 보정명령서에 의하여 피고에 대한 주민등록초본을 발급받아 당사자표시정정신청서를 4통 작성하고 피고의 주민등록초본은 법원용 1통에만 첨부하고 제출하면 됩니다.

사실조회촉탁신청서

사　　건 :　　○○○○가단○○○○호　손해배상(기)

원　　고 :　○　　　　○　　　　○

피　　고 :　○　　　　○　　　　○

광주지방법원 해남지원 귀중

사실조회촉탁신청서

1. 원고

성 명	○ ○ ○	주민등록번호	생략
주 소	전라남도 해남군 해남읍 ○○로 ○○, ○○○호		
직 업	상업	사무실 주 소	생략
전 화	(휴대폰) 010 - 7765 - 0000		
대리인에 의한 신 청	☐ 법정대리인 (성명 : , 연락처) ☐ 소송대리인 (성명 : 변호사, 연락처)		

2. 피고

성 명	○ ○ ○	주민등록번호	불상
주 소	불상		
직 업	불상	사무실 주 소	불상
전 화	(휴대폰) 010 - 2389 - 0000		
기타사항	이 사건 채무자 겸 피고입니다.		

3. 사실조회촉탁신청

신청취지

위 사건에 관하여 원고는 그 주장사실을 입증하고자 다음과 같이 사실조회를 신청합니다.

- 다   음 -

4.사실조회의 목적

원고는 이 사건 교통사고의 가해자인 피고의 이름만 알고 주
소ㆍ주민등록번호와 사건번호나 사건기록의 소재를 확인할
수 없습니다.

따라서 이와 관련한 사실들을 확인하여 피고를 특정하고 이
사건의 교통사고 당시의 제반사실을 확인하고 과실비율을 산
정하기 위함입니다.(사건번호를 확인한 후 문서인증등본송부
촉탁신청을 하고자 합니다)

5.사실조회 할 곳

광주지방검찰청 해남지청
전라남도 해남군 해남읍 중앙1로 330(구교리)

6.조회 할 사항

별지 기재와 같습니다.

7.소명자료 및 첨부서류

(1) 조회할 사항 부본

○○○○ 년 ○○ 월 ○○ 일

위 원고 : ○ ○ ○   (인)

광주지방법원 해남지원 귀중

조회할 사항

귀청 ○○○○형제○○○○호 교통사고처리특례법위반 피의자 ○○○은 500만 원의 벌금을 받은 사실이 확인되고 있습니다.

하지만 피의자 ○○○의 주소·주민등록번호와 사건번호를 비롯하여 사건의 기록의 소재가 확인되지 않아 아래와 같은 사항에 대하여 확인을 구하고자 합니다.

1. 귀청 ○○○○형제○○○○호 교통사고처리특례법위반으로 입건된 피의자○○○이 맞는지, 벌금 500만원을 받은 사실이 있는지,

2. 만약 벌금을 받은 사실이 받는다면 피의자 ○○○의 주소·주민등록번호와 약식명령을 발부한 법원 및 그 사건번호는 어떻게 되는지,

3. 위 ○○○의 기록은 법원과 귀청 중 어디에서 보관하고 있는지,

- 이 상 -

접수방법

1. 관할법원

이 사건은 손해배상(기) 청구의 사건으로서 원고가 소장에 대한 피고의 인적사항을 공란으로 이미 제출한 사건으로서 법원으로부터 보정명령을 받은 것이므로 먼저 소를 제기한 광주지방법원 해남지원에 사실조회촉탁신청서를 제출하여야 합니다.

광주지방법원 해남지원
전라남도 해남군 해남읍 중앙1로 330
전화번호 061) 530 - 4550

2. 사실조회촉탁신청 방법

사실조회촉탁신청서 1통, 별지 사실조회 할 사항 각 4통 첨부하여 이미 소를 제기한 광주지방법원 해남지원에 제출합니다.

광주지방법원 해남지원에 사실조회촉탁신청서를 제출하면 광주지방법원 해남지원은 사실조회대상인 광주지방검찰청 해남지청에게 위 사실조회촉탁 서를 송달하고, 해남지청에서 피고에 대한 인적사항을 비롯하여 사실조회 할 사항에 따라 사실조회 회보서를 작성하여 광주지방법원 해남지원으로 회신합니다.

3. 당사자표시정정 방법

    광주지방법원 해남지원에서는 광주지방검찰청 해남지청으로
부터 피고에 대한 인적사항을 기재한 사실조회 회보서를 보내오
면 바로 원고에게 당사자표시정정을 하라는 보정명령을 합니다.

    당사자표시는 당사자의 동일성이 인정되는 범위 내에서 그
표시를 고쳐야 합니다.

    광주지방법원 해남지원에서 원고에게 보정명령을 보내면서
첨부와 같이 상대방의 주민등록번호가 확인되었으므로 소장에
대한 당사자표시정정신청서 4부를 제출하라고 보냅니다.

4. 보정서 제출

    원고는 위 보정명령서에 의하여 피고에 대한 주민등록초본을
발급받아 당사자표시정정신청서를 4통 작성하고 피고의 주민등
록초본은 법원용 1통에만 첨부하고 제출하고 나머지에 대한 입
증자료는 활용하시면 됩니다.

사실조회촉탁신청서

사   건 : ○○○○고단○○○○호 사기

피 고 인 : ○   ○   ○

영덕지원 형사○단독 귀중

사실조회촉탁신청서

1. 피고인

성 명	○ ○ ○	주민등록번호	생략
주 소	경상북도 영덕군 영덕읍 ○○로 ○○, ○○○호		
직 업	상업	사무실 주 소	생략
전 화	(휴대폰) 010 - 2890 - 0000		
대리인에 의한 신 청	□ 법정대리인 (성명 : , 연락처) □ 소송대리인 (성명 : 변호사, 연락처)		

2. 사실조회촉탁신청

신청취지

위 사건에 관하여 피고인은 다음과 같이 사실조회를 신청합니다.

- 다   음 -

3. 사실조회신청의 목적

피고인이 이 사건 공소사실 중 2,000만 원을 편취하지 않고 전달하였다고 주장하는 공소 외 ○○○에 대하여 이와 같은 사실이 있었는지 증인신문을 통하여 확인하고자 하는데, 공소 외 ○○○의 송달 가능한 주소지 정보가 없어, 공소 외 ○○ ○의 인적사항을 특정하기 위함에 있습니다.

4.사실조회 할 곳

가. 에스케이텔레콤 주식회사

서울시 중구 을지로65(을지로2가) SK T-타워

대표이사 박정호

나. 주식회사 케이티

경기도 성남시 분당구 불정로 90(정자동)

대표이사 황창규

다. 주식회사 엘지유플러스

서울시 용산구 한강대로 32 LG 유플러스 빌딩

대표이사 권영수

5.사실조회 할 사항

별지와 같습니다.

6.소명자료 및 첨부서류

(1) 조회할 사항 부본

○○○○ 년 ○○ 월 ○○ 일

위 피고인 : ◯ ◯ ◯   (인)

영덕지원 형사◯단독 귀중

조회할 사항

1. 가입자의 성명, 주민등록번호 등

   성명 : ○○○

   주민등록번호 : 불상

   주민등록부상 주소지 : 불상

   가입번호 : ○○○-○○○○-○○○○

2. 조회사항

   가. 귀 사에 ○○○○. ○○. ○○.이후부터 현재까지 ① 성
      명 '○○○, 가입번호 '○○○-○○○○-○○○○'인 가
      입자가 존재하였거나 현재 존재하는지 여부,

   나. 위와 같은 가입자가 있다면, 그 가입자의 ① 성명, ②
      주민등록번호, ③ 주소 등 인적사항 일체(해당사실을 확
      인할 수 있는 객관적인 자료를 함께 송부하여 주시기 바
      랍니다).

   다. (나, 항과 관련) 위와 같은 가입자가 없다면 ○○○○.
      ○○. ○○.이후부터 현재까지 가입번호 '○○○-○○
      ○○-○○○○'의 가입자의 이름(회사일 경우 상호),
      주민등록번호(회사일 경우 법인등록번호), 주소 등 인
      적사항 일체.

                                        - 이   상 -

접수방법

1. 관할법원

　　이 사건은 사기피고 사건으로서 피고인이 목격자 내지는 증언이 필요한 사람에 대한 휴대전화만 알고 있고 인적사항을 파악하지 못해 그 휴대전화번호로 인적사항을 사실조회촉탁하는 것이므로 형사재판이 계류 중인 대구지방법원 영덕지원에 사실조회촉탁신청서를 제출하여야 합니다.

　　대구지방법원 영덕지원
　　경상북도 영덕군 영덕읍 경동로 8337,(화개리 226-1)
　　전화번호 054) 730 - 3000

2. 사실조회촉탁신청 방법

　　사실조회촉탁신청서 1통, 별지 사실조회 할 사항 각 4통 첨부하여 형사재판이 계류 중인 대구지방법원 영덕지원에 제출합니다.

　　영덕지원에 사실조회촉탁신청서를 제출하면 법원은 사실조회 대상인 각 이동통신사에게 위 사실조회촉탁 서를 송달하고, 해당 휴대전화를 관리하는 이동통신사에서 공소 외 ○○○에 대한 인적사항을 비롯하여 사실조회 할 사항에 따라 사실조회 회보서를 작성하여 대구지방법원 영덕지원으로 회신합니다.

대구지방법원 영덕지원에서 피고인에게 첨부와 같이 공소 외 ○○○의 주민등록번호가 확인되었다고 발송합니다.

◨ **대한실무법률편찬연구회** ◨

연구회 발행도서
-2018년 소법전
-법률용어사전
-고소장 장석방법과 실무
-탄원서 의견서 작성방법과 실무
-소액소장 작성방법과 실무
-항소 항고 이유서 작성방법과 실제
-지급명령 신청방법

사실조회촉탁 신청과
작성방법의 실제   정가 16,000원

2018年 8月 10日 1판 인쇄
2018年 8月 15日 1판 발행
편   저 : 대한실무법률편찬연구회
발 행 인 : 김 현 호
발 행 처 : 법문 북스
공 급 처 : 법률미디어

서울 구로구 경인로 54길4 (우편번호 : 08278)
TEL : (02)2636-2911~2, FAX : (02)2636~3012
등록 : 1979년 8월 27일 제5-22호
Home : www.lawb.co.kr

❘ISBN 978-89-7535-685-8 (13360)
❘이 도서의 국립중앙도서관 출판예정도서목록(CIP)은 서지정보유통지원시스템 홈페이
  지(http://seoji.nl.go.kr)와 국가자료공동목록시스템(http://www.nl.go.kr/kolisnet)에서
  이용하실 수 있습니다. (CIP제어번호 : CIP2018024477)

분쟁의 소지가 있는 사항들을 심층 분석하고
일목요연하게 집필 하여
유익하고 활용가치가 높은 실질사례서식

13360

ISBN 978-89-7535-685-8

14,000원